Sut i Fynd Yno

Mae Porthor ychydig filltiroedd i'r gogledd o [...]
Gaernarfon, gyrrwch ar hyd arfordir gogledd [...]
dilynwch y B4417/B4413. Ychydig ar ôl Pen-y-groeslon, trowch i'r
dde oddi ar y B4413 ar hyd y ffordd fach i Rydlios ac yna ymlaen i
Fethlem. Dilynwch y ffordd heibio'r fferm i gyfeiriad y de-orllewin.
Ymhen llai na milltir, fe welwch chi ffordd ar y dde i chi gydag
arwydd yn eich cyfeirio i Borthor. Gadewch eich car yn y maes parcio
os gwelwch yn dda. Bydd tâl bychan am barcio. Gall ymwelwyr anabl
fynd â'u ceir cyn belled â'r traeth, lle ceir parcio cyfyngedig a ramp ar
gyfer cadeiriau olwyn i lawr i'r caffi. Mae arwyddion i Borthor ar y
ffordd o Aberdaron (gyrrwch drwy Garreg). I fynd i Aberdaron o
Borthmadog, gyrrwch drwy Bwllheli, gan ddilyn yr A497/A499 i
Lanbedrog, yna'r B4413 i Aberdaron.

I gael gwybodaeth am wasanaethau bws i Borthor ac Uwchmynydd
(ar y daith gyswllt rhwng Porthor ac Aberdaron) ffoniwch Fysiau
Nefyn ar 01758 720904.

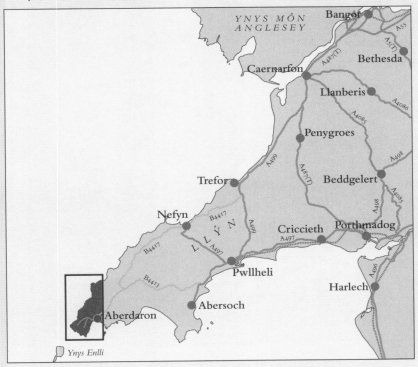

Teithiau Cerdded yn Llŷn
Porthor, Carreg a Mynydd Anelog

Mae arfordir garw gogledd Penrhyn Llŷn ar ei orau yng nghyffiniau Porthor, traethell o dywod mewn bwlch rhwng y clogwyni. Gerllaw, mae Mynydd Carreg a Mynydd Anelog, bryniau amlwg sy'n cynnig golygfeydd gwych o'r arfordir a'r wlad. Porthor a'r ddau fryn yw nodweddion amlycaf tir yr Ymddiriedolaeth yn yr ardal hon, sy'n cynnwys dros 170ha/420 erw o arfordir, tir bryniog, pentir a thir fferm. Wrth grwydro'r glannau hyn, fe welwch chi nid yn unig olygfeydd penigamp, ond hefyd olion hen arferion ffermio traddodiadol Llŷn, cyfoeth byd natur, cynefinoedd amrywiol a daeareg ryfeddol. Dyna pam y gelwir yr arfordir hwn yn Ardal o Harddwch Naturiol Eithriadol ac yn Safle o Ddiddordeb Gwyddonol Arbennig.

Edrych tuag at Yr Eifl

🚶 O Borthor i Garreg

Pellter 1¼ milltir / 2.8km

Amser Tua 1 awr (dewis 1) / Tua 1 awr 10 munud (dewis 2)

🚶 O Borthor i Fethlem

Pellter 2 milltir / 3.2km

Amser 1 awr

🚶 O Borthor i Fynydd Anelog

Pellter 5¼ milltir / 9.3km

Amser 3 awr

🚶 O Fynydd Anelog i'r Mynydd Mawr

Llwybr cyswllt rhwng y teithiau cerdded yn y daflen hon a'r rhai yn 'Teithiau Cerdded yn Llŷn. Aberdaron, Mynydd Mawr a Mynydd Anelog'.

Pellter 1½ milltir / 2.4km

Amser ¾ awr

Mannau Diddorol

Llwybr y Pererinion

Mae rhannau o'r teithiau cerdded a ddisgrifir yn dilyn 'Llwybr y Pererinion' i Ynys Enlli sef, yn ôl y traddodiad, 'Ynys yr Ugain Mil o Saint'. Yn yr oesoedd canol, dywedid bod tair pererindod i Enlli gyfwerth ag un i Rufain. Byddai'r pererinion yn ymgynnull yng Nghlynnog Fawr ar ddechrau'r daith hir ar hyd arfordir gogledd Llŷn, gan groesi dyfroedd peryglus Swnt Enlli o Borth Meudwy ger Aberdaron.

🚶 🚶 Cloddiau

Codwyd y cloddiau pridd neu dyweirch hyn a gosodwyd wyneb cerrig arnynt i greu ffiniau caeau, a gallwch eu gweld wrth i chi gerdded drwy Garreg. Mae'r Ymddiriedolaeth Genedlaethol yn adfer y nodweddion traddodiadol hyn a ddymchwelwyd yn ystod y blynyddoedd diwethaf i greu caeau mwy. Yn ogystal â nodi ffiniau, maent hefyd yn darparu lloches a safleoedd nythu i adar a chysgod i ddefaid. Maent hefyd yn gynefin gwerthfawr i blanhigion a phryfed.

🚶 Dinas Bach a Dinas Fawr

Mae llwybr yr arfordir yn eich tywys chi heibio i'r ddau benrhyn bychan hyn sydd yn troi'n ynysoedd weithiau pan fydd y llanw'n uchel. Mae eu henwau'n awgrymu eu bod efallai'n safleoedd caerog cynnar yn dyddio'n ôl i Oes yr Haearn.

🚶 Mynydd Anelog

Dyma'r man uchaf ar benrhyn Llŷn - 191m/628tr. Mae'r olygfa o'r copa yn anhygoel, ac ar ddiwrnod clir gallwch weld yr holl ffordd draw am Fynyddoedd Wiclo yn Iwerddon.

🚶 Porth Llanllawen

Traethell greigiog unig a hynod o dlws. Mae yno ddyfais o hyd a ddefnyddid ers talwm i godi cychod o'r dŵr yn y dyddiau pan fyddai pysgotwyr lleol yn defnyddio'r draethell. Ar ddechrau'r bedwaredd ganrif ar bymtheg roedd y môr o gwmpas arfordir Llŷn yn enwog am ei heigiau mawr o benwaig. Mae morloi i'w gweld yma weithiau.

⬥ Porthorion

Traethell fechan yng nghysgod clogwyni cawraidd.

⬥⬥⬥ Porthor

Mae'r traeth hwn ar siâp cilgant fel petai rhywun wedi tynnu lletwad drwy'r graig. Yn Saesneg, fe'i gelwir gan rai yn 'whistling sands' am fod y gronynnau tywod yn gwichian neu'n chwibanu dan draed. Siâp y gronynnau cwarts crwn sy'n gyfrifol am hyn. Yn ôl y sôn dim ond un traeth arall yr un fath ag ef sydd yn Ewrop i gyd. Mae'n hardd, yn hawdd mynd ato ac yn fan cychwyn delfrydol os ydych chi am gerdded ar hyd llwybr ysblennydd yr arfordir ac mae'n llecyn poblogaidd yn yr haf. Gellir gweld gweddillion odyn galch ym mhen gogleddol y traeth. Roedd yr arfordir yma ar lwybr prysur cychod masnach yn y 18fed a'r 19eg ganrif. Defnyddid y caffi i storio glo a nwyddau a gludid i'r lan ar gyfer y gymuned leol.

Dinas Bach ym mis Tachwedd

Archeoleg

Mae nifer o olion archeolegol diddorol ac amrywiol yn Llŷn. Mae'r teithiau cerdded a ddisgrifir yn y llyfryn hwn yn eich tywys chi heibio i gloddiau sydd yn gofadail i drefn ffiniau gymhleth iawn. Sgubwyd llawer ohonynt ymaith wrth wneud gwelliannau amaethyddol. Ar Fynydd Anelog, gellir gweld olion anheddfa o Oes yr Haearn (oddeutu 600 CC i 150 OC). Mae'r ddwy garreg gerfiedig o ddechrau'r 6ed ganrif bellach i'w gweld yn Eglwys Sant Hywyn, Aberdaron. Cafwyd hyd iddynt yn wreiddiol yn safle claddu'r hen eglwys ger Gors (gweler cylchdaith Porthor – Mynydd Anelog).

Adar

Mae llawer o glogwyni arfordir ac ynysoedd Llŷn yn safleoedd nythu pwysig i adar y môr, gan gynnwys y gwylog, y llurs, yr wylan goesddu, yr wylan gefnddu fwyaf, aderyn drycin y graig, y fulfran werdd a'r fulfran. Bydd corhedydd y graig yn aml yn ymweld â chreigiau'r arfordir, ac mae'r eithin toreithiog rhwng Porthor a Phorthorion yn gynefin gwych i'r bras melyn, aderyn bychan gyda phen a brest felen lachar. Mae Mynydd Anelog yn gartref i'r frân goesgoch, sy'n rhywogaeth prin gyda phig goch grwm a choesau coch, a'i chri 'ci-aw' unigryw. Mae pump y cant o boblogaeth magu gwledydd Prydain yn byw yma.

Bras melyn

Blodau

Mae llwyni eithin gyda'u blodau melyn persawrus i'w gweld ym mhobman ar lethrau'r glannau, tra bo porffor y grug yn teyrnasu dros lethrau Mynydd Anelog. Rhwng mis Mai a mis Awst, ym mhen gogleddol traeth Porthor, lle mae Nant Eiddon yn llifo i'r bae, fe welwch flodau'r gellesgen yn eu miloedd. Mae sampier y geifr, planhigyn sy'n brin ym mhob rhan o wledydd Prydain, yn tyfu ar greigiau Dinas Fawr.

Daeareg

Mae Dinas Bach, Dinas Fawr a phen gogleddol Porthor yn bwysig o safbwynt daearegol am fod arnynt olion lafa clustog wedi'u hindreulio. (Gelwir hwy'n lafa clustog am eu bod yn edrych yn debyg i dwmpath o glustogau). Mae'r glan y môr yn enwog drwyddi draw am ei chreigiau Cyn-gambriaidd arfordirol, sydd dros 600 miliwn blwydd oed. Maent ymhlith y rhai mwyaf hynafol yng Nghymru a Lloegr.

Cadwraeth

Mae'r Ymddiriedolaeth Genedlaethol yn gwneud llawer o waith cadwraeth yn yr ardal hon, a gellir gweld ôl y gwaith ar hyd y

Sampier y geifr a phïod môr

llwybrau a ddisgrifir yn y llyfryn. Mae'r cloddiau pridd traddodiadol yn cael eu hailgodi ac mae cae y tu ôl i'r traeth ym Mhorthor yn cael ei reoli mewn ffordd a fydd, gobeithio, yn denu rhegen yr ŷd yn ôl i'r ardal. Er nad yw rhegen yr ŷd wedi ailymddangos eto, mae newid dulliau ffermio wedi denu nifer o adar, planhigion a phryfed yn ôl, gan gynnwys yr ehedydd a thegeirian brith y rhos.

Fe welwch sawl llain o dir wedi'i ffensio ar Fynydd Anelog. Bydd y rhain yn help i ni benderfynu beth yw'r ffordd orau o reoli'r rhostir yn y dyfodol. Mae rhostir arfordirol geir yn Llŷn yn brin iawn a dim ond ar gyrion gogledd-orllewin Ewrop y mae i'w weld. Mae'r Ymddiriedolaeth Genedlaethol yn gwneud y gwaith hwn i gyd er mwyn sicrhau bod cymeriad unigryw y tirlun, a'r adar, y planhigion a'r creaduriaid arbennig sy'n byw yma, yn cael eu gwarchod.

Bywyd y Môr

Mae'r pyllau niferus ymhlith y creigiau ar hyd y glannau'n feicrogynefinoedd hynod o ddiddorol. Ynddynt, mae pysgod bychain, crancod, corgimychiaid, perdys, yr anemoni, ac amrywiol fathau o wymon yn byw. Os penderfynwch chi fynd yno i fforio, byddwch yn ofalus - gall y creigiau fod yn llithrig iawn pan fyddant yn wlyb. Allan yn y môr, efallai y gwelwch chi forloi neu hyd yn oed ddolffiniaid a llamhidyddion.

O Borthor i Garreg

Pellter 1¼ milltir / 2.8km

Amser ▬▬ Tua 1 awr (dewis 1)

▮▮▮▮ Tua 1 awr 10 munud (dewis 2)

O'r **adeilad a leolir ar ochr y maes parcio o'r traeth**①, ewch i gyfeiriad y creigiau ar y chwith i'r traeth. Dringwch i fyny'r creigiau a chroesi'r bont droed, gan ddilyn y llwybr at yr arwydd llwybr troed a'r grisiau. Dringwch y grisiau, ewch drwy'r giât mochyn, a cherddwch ar hyd y llwybr llydan gwastad ar hyd yr arfordir tuag at Ddinas Bach. I'r chwith fe welwch y **cloddiau pridd**② a adferwyd. Wrth i chi fynd heibio i **Ddinas Bach**③ a chyn i chi gyrraedd Dinas Fawr, fe ddewch at giât mochyn. Ewch drwyddi a dilyn y llwybr i Garreg rhwng y ddau gae. Mae'r cloddiau yma'n cynnwys peth o'r graig iasbis unigryw a gloddiwyd yng **Ngharreg**④. Ar ben draw'r llwybr hwn, mae dau ddewis i chi:

1. Trowch i'r chwith gan ddilyn y llwybr am ychydig, yna trowch i'r chwith wrth gyrraedd y ffordd i ddychwelyd i Borthor.

2. Trowch i'r dde, gan ddilyn y llwybr o gwmpas godre Mynydd Carreg nes cyrraedd y maes parcio. Oddi yno, mae 'na lwybr yn arwain at **olygfan anhygoel ar gopa'r bryn**⑤. **Plas Carreg**⑥, un o dai hanesyddol Pen Llŷn sydd yn dyddio o'r cyfnod canoloesol, yw'r tŷ mawr ar droed y bryn. Ewch i waelod y bryn i ailymuno â'r llwybr y cyfeirir ato yn Newis 1, sy'n arwain yn ôl at y ffordd ac i Borthor.

Iasbis a gloddiwyd yng Ngharreg

8

O Borthor i Fethlem

Pellter 2 filltir / 3.2km
Amser 1 awr

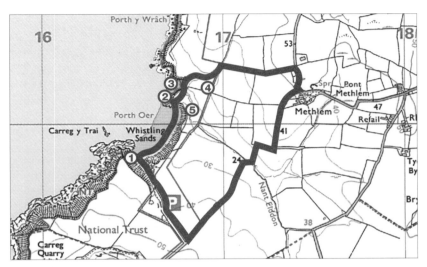

O'r **adeilad ar ochr y maes parcio o'r traeth**①, cerddwch tua'r
gogledd ddwyrain ar hyd y tywod i ben draw'r traeth. Edrychwch
am weddillion yr **odyn galch**② a'r nodweddion daearegol anhygoel
– **y lafa clustog**③. Ewch drwy'r giât mochyn, yna ar hyd y llwybr
sydd â gwrychoedd bob ochr iddo ac sy'n arwain at y ffordd heibio i
Fethlem. Rheolir cae ar ochr dde y llwybr mewn dull fydd,
gobeithio, yn annog **rhegen yr ŷd**④ (aderyn prin) i ddychwelyd i'r
cylch. Trowch i'r dde yma a dilyn y ffordd yn ôl i'r maes parcio. Yma
hefyd fe welwch lecyn o **gellesg**⑤ sydd a'u blodau melyn yn amlwg
ddechrau'r haf.

Carreg

O Borthor i Fynydd Anelog

Pellter 5¾ milltir / 9.3km

Amser 3 awr

Porthor tuag at Carreg

O Borthor, dilynwch y ffordd i Garreg cyn belled â **Dinas Bach**①. Ewch yn eich blaen ar hyd yr arfordir, ac ar ôl mynd heibio i **Ddinas Fawr**②, anelwch am waelod y bryn i gyfeiriad **Porthorion**③. Croeswch y bont droed ac ewch yn eich blaen dros y gamfa ac i fyny'r llwybr troed tuag at Fynydd Anelog. (Mae un rhan fach o'r arfordir hwn sydd heb fod yn eiddo i'r Ymddiriedolaeth Genedlaethol – mae'r llwybr yma'n gul a dylid bod yn ofalus.) Wrth i chi ailymuno â thir yr Ymddiriedolaeth Genedlaethol, fe welwch chi lain o **dir arbrofol**④ sydd wedi'i farcio er mwyn i ni gadw golwg ar bethau sy'n effeithio ar y grug, yr eithin a'r rhedyn. Dilynwch y llwybr i'r dde, sy'n arwain at olygfan wych lle gwelwch chi olygfeydd rhagorol i gyfeiriad y tir a'r môr. Ewch yn eich blaen i lawr ochr arall y bryn, trwy giât fetel fechan, rhwng y cloddiau pridd, heibio i fwthyn, dros gamfa wrth ymyl y 'sgubor, dros y bryncyn, lle gwelwch chi arwydd yn dangos y ffordd ac i lawr at y llwybr. Trowch i'r chwith a dilynwch y llwybr at y ffordd, gan droi i'r chwith i gyfeiriad y **capel**⑤.

Wedi i chi gyrraedd y capel, cerddwch i'r cyfeiriad a nodir ar yr arwydd, i lawr llwybr mwdlyd, trwy'r giât a thrwy nifer o giatiau mochyn, nes cyrraedd giât fferm, lle mae'r arwydd yn eich cyfeirio'n ôl am Anelog. Dilynwch y llwybr o'ch blaen heibio i dŷ o'r enw Penllech.

Trowch i'r dde i ymuno â'r ffordd am dipyn, ac yna i'r chwith wrth Gors gan fynd i lawr y llwybr. Mae hwn yn ymuno â llwybr troed sydd â nifer o gamfeydd pren arno (nid tir yr Ymddiriedolaeth Genedlaethol 'mo hwn) sy'n croesi sawl cae. Mae'r llwybr yn arwain at y gyffordd-T wrth ymyl Capel Carmel, ac mae'r ffordd o'ch blaen yn arwain yn ôl at Borthor.

Dewis arall yw dechrau'r daith hon trwy barcio'r car wrth y capel ar odre Mynydd Anelog, ar y ffordd yn Uwchmynydd.

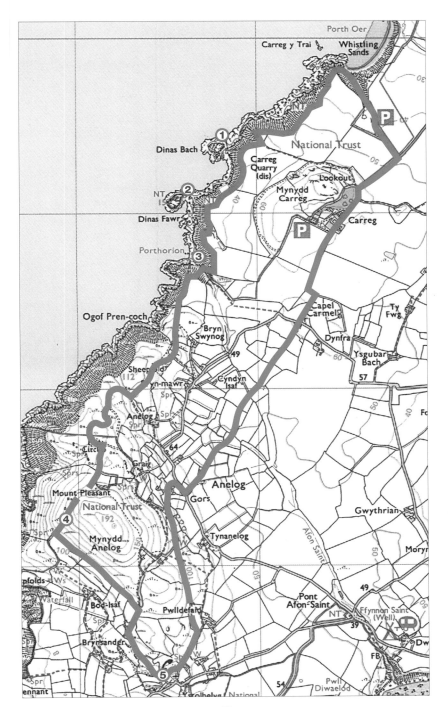

O Fynydd Anelog i'r Mynydd Mawr

Pellter 1½ milltir / 2.4km
Amser ¾ awr

Llwybr cyswllt rhwng y teithiau cerdded yn y daflen hon a'r rhai yn 'Teithiau Cerdded yn Llŷn. Aberdaron, Mynydd Mawr a Mynydd Anelog'.

Dilynwch y llwybr o Borthor i Fynydd Anelog. Ewch i waelod Mynydd Anelog, drwy'r giât fetel, heibio i'r bwthyn, dros y gamfa a thros y bryncyn, i ymuno â'r llwybr. Trowch i'r dde ac yna i'r chwith drwy giât, gan ddilyn llwybr rhwng cloddiau pridd, i lawr ochr un cae ac ar draws un arall. Dilynwch drywydd y cloddiau pridd nes cyrraedd camfa, sef y fynedfa i eiddo'r Ymddiriedolaeth Genedlaethol, sef Porth Llanllawen – cerddwch i lawr o gyfeiriad y gamfa os dymunwch ymweld â'r draethell bellennig hon. Fel arall, dringwch dros y gamfa, a chan ddilyn trywydd y ffens, ewch drwy'r giât ac i fyny nes i chi gyrraedd y tŷ a elwir Pennant. Ewch drwy giât y cae ac ar draws y cae ei hun, gan ddringo dros y gamfa gerrig i ymuno â'r llwybr.

Ewch drwy'r giât ar y chwith, heibio i'r tŷ, trwy ddau bostyn giât carreg, trwy ddwy giât mochyn heibio i adeiladau sy'n adfeilion ac yna drwy giât mochyn arall i ymuno â'r ffordd. Trowch i'r dde ac ewch yn eich blaen ar hyd y ffordd at y grid gwartheg a'r fynedfa i eiddo'r Ymddiriedolaeth Genedlaethol, Braich y Pwll. Gallwch weld Mynydd Mawr ar y dde.

Mulfran werdd

How To Get There

Porthor is a few miles north of Aberdaron. From Caernarfon drive along the north coast of the peninsula to Nefyn, then take the B4417/B4413. Just after Pen-y-groeslon turn right off the B4413 along the minor road to Rhydlios then on to Methlem. Follow the road through past the farm heading south-west. In less than a mile you will come to a road on your right for Porthor (signposted). Please park in the car park, for which there will be a small charge. Disabled visitors may take their vehicles down to the beach, where there is limited parking provided and wheelchair ramp down to the café. Porthor is signposted from Aberdaron (drive via Carreg). To get to Aberdaron from Porthmadog drive via Pwllheli, taking the A497/A499 to Llanbedrog, then the B4413 to Aberdaron.

For information on bus services to Porthor and Uwchmynydd (on the connecting walk between Porthor and Aberdaron) please telephone Nefyn Coaches on 01758 720904.

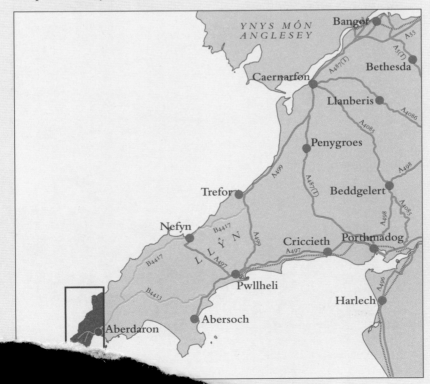

Walks on Llŷn
Porthor, Carreg and Mynydd Anelog

The rugged north coast of the Llŷn Peninsula is at its best around Porthor, a sandy cove set amongst a rare break in the cliffs. Close by are Mynydd Carreg and Mynydd Anelog, prominent hills offering wonderful viewpoints of coast and country. Porthor and these two hills are the main focal points of the National Trust's land in this area, consisting of over 170ha/420 acres of shoreline, hillside, headland and farmland. The walks along this coast not only reveal scenic splendour, but also give an insight into Llŷn's traditional farming practices, abundant wildlife, diverse habitats and fascinating geology. This is why the coastline here is a designated Area of Outstanding Natural Beauty and Site of Special Scientific Interest.

Looking towards yr Eifl

🚶 Porthor to Carreg

Distance 1¼ miles / 2.8km
Time About 1 hour (option 1) / About 1 hour 10 minutes (option 2)

🚶 Porthor to Methlem

Distance 2 miles / 3.2km
Time 1 hours

🚶 Porthor to Mynydd Anelog

Distance 5¼ miles / 9.3km
Time 3 hours

🚶 Mynydd Anelog to Mynydd Mawr

Connecting route between walks in this guide and those in 'Walks on
Llŷn. Aberdaron, Mynydd Mawr and Mynydd Anelog'.
Distance 1½ miles / 2.4km
Time ¾ hour

Points of Interest

The Pilgrims Route

Some sections of the walks featured are on the Pilgrims Route to Ynys Enlli, the legendary 'Isle of Twenty Thousand Saints'. In medieval times it was said that three pilgrimages to Ynys Enlli equalled one to Rome. Pilgrims would congregate at Clynnog Fawr for the trek along Llŷn's north coast, crossing the treacherous waters of Bardsey Sound from Porth Meudwy near Aberdaron.

🚶 🚶 Cloddiau

These stone-faced earth or turf banks, constructed as field boundaries, can be seen on the walk through Carreg. The National Trust is restoring these traditional features, which in recent years were removed to create larger fields. They act as boundaries and also provide cover and nesting sites for birds, shelter for sheep and a valuable habitat for plants and insects.

🚶 Dinas Bach and Dinas Fawr

The coast path takes you past these two small peninsulas which can become islands at high tide. Dinas Bach means small stronghold, Fawr means large. This may indicate that they are early fortified sites dating back to the Iron Age.

🚶 Mynydd Anelog

At 191m/628ft, this is the highest point on the tip of Llŷn. The views from the top are breathtaking, extending all the way to Ireland's Wicklow Mountains on a clear day.

🚶 Porth Llanllawen

A picturesque and isolated rocky cove. A winching device for hauling boats out of the water still remains from when the cove was used by local fishermen. The waters off Llŷn were well known for large shoals of herring at the beginning of the nineteenth century. Seals can sometimes be seen here.

![walker icon] Porthorion

A tiny cove dwarfed by cliffs.

![walker icons] Porthor

This crescent-shaped beach, scooped out of the cliffs, is also known by some as the whistling sands, so-called because the grains of sand squeak or whistle underfoot. This is because of the shape of the rounded quartz grains. It is said that there is only one other beach like it in Europe. Beautiful, easily accessible and an ideal starting point for walking the spectacular coastal path, it is a popular spot in summer. The remains of a limekiln can be seen at the northern end of the beach. The coast here was a busy commercial sea route in the 18th and 19th centuries. The building at the car park end of the beach was used as a store for coal and other supplies, brought ashore for the local community.

Dinas Bach in November

Archaeology

Llŷn has many interesting and varied archaeological remains. The walks described in this booklet take you past the 'cloddiau' (earth banks), and also the remains of an intricate system of boundaries. Many have been swept away with agricultural improvements. On Mynydd Anelog the remains of an Iron Age settlement (approx. 600 BC - 150 AD) can be seen. Two early 6th century inscribed stones, now in St Hywyn's Church, Aberdaron, were originally discovered in the burial ground of an old church near Gors (see Porthor - Mynydd Anelog circular route).

Birdlife

Many of Llŷn's coastal cliffs and islands are important nesting sites for seabirds, including guillemots, razorbills, kittiwakes, great black-backed gulls, fulmars, black shags and cormorants. Rocks along the coast are frequented by rock pipits, and the large stands of gorse between Porthor and Porthorion provide an excellent habitat for the yellowhammer, a small bird with a bright yellow head and breast. Mynydd Anelog is home to the chough, a rare type of crow with a curved red bill and red legs. It has a very distinctive 'kee-aw' call. Five percent of the British breeding population are found here on Llŷn.

Yellowhammer

Flora

Gorse bushes with their fragrant yellow flowers are everywhere on the coastal slopes, while the purple of the heather dominates the slopes of Mynydd Anelog. Between the months of May and August, at the north end of Porthor beach where the Nant Eiddon stream enters the bay, you will see an area full of the yellow flowers of the flag iris. Golden samphire, a nationally scarce plant, grows on the rocks of Dinas Fawr.

Geology

Dinas Bach, Dinas Fawr and the northern end of Porthor are geologically important for their exposures of weathered pillow lavas (so-called because they look like pillows piled on one another). Overall, the shoreline is renowned for its splendid coastal exposures of Precambrian rocks, at over 600 million years old some of the most ancient in England and Wales.

Conservation

The National Trust is doing a lot of conservation work in this area, which can be seen along the routes described in this booklet. The traditional banks 'cloddiau' are being put back and a field behind the beach at Porthor is being managed in a way that will hopefully encourage the corncrake, a rare bird, to come back to the area. While the corncrake is yet to reappear, the changes in farming practices have resulted in the return of many other birds, plants and insects, including the skylark and the heath spotted orchid.

You will see several fenced plots on Mynydd Anelog. These are to help decide how the heathland should best be managed in the future. Llŷn's coastal heathland is a rarity found only on the north-west fringes of Europe and so its survival is of great importance. All this is being done by the National Trust to make sure that the unique character of the landscape, and the special birds, plants and creatures that live here, are protected.

Golden samphire and oystercatchers

Marine Life

The many rock pools along the coast are fascinating micro-habitats inhabited by small fish, crabs, prawns, shrimps, anemones and various seaweeds. If you decide to explore please be careful - the rocks can be very slippery when wet. Out at sea, you might see seals or even dolphins and porpoises.

Porthor to Carreg

Distance 1¼ miles / 2.8km

Time ▬▬ About 1 hour (option 1)

▐▐▐▐ About 1 hour 10 minutes (option 2)

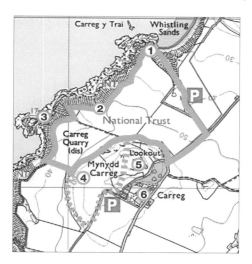

From the **building at the car park end of the beach**① head towards the rocks to the left of the beach. Clamber up the rocks and cross the footbridge, following the path to a footpath sign and steps. Climb the steps, go through the kissing gate and walk along the wide, level coastal track towards Dinas Bach. You will see the reinstated **'cloddiau'**② earth banks to your left. Passing **Dinas Bach**③ and before reaching Dinas Fawr there is a kissing gate, go through this, following the path to Carreg between two fields. The walls contain some of the distinctive red jasper stone that was quarried at **Carreg**④. At the end of this path there are two options:

1. Turn left following a short length of track, at the road turn left to return to Porthor.

2. Turn right, following the path around the base of Mynydd Carreg to the Carreg car park. From here, a path leads up to the spectacular **lookout point on top of the hill**⑤. The large house at the foot of the hill is **Plas Carreg**⑥, one of Llŷn's historic houses, dating from medieval times. Descend the hill to rejoin the track mentioned in Option 1, which leads back to the road and Porthor.

Jasper quarried at Carreg

Porthor to Methlem

Distance 2 miles / 3.2km
Time 1 hour

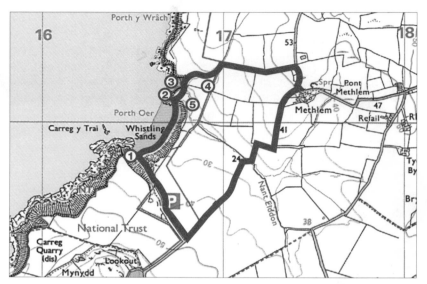

From the **building at the car park end of the beach**① walk
north–eastwards along the sands to the far end of the beach. Look
out here for the remains of a **limekiln**② and the interesting
geological features - **pillow lavas**③. Go through the kissing gate,
then along the hedged track which leads to the road by Methlem. A
field to the right of the path is managed to encourage the
corncrake④ (a rare bird) to return to the area. A stand of yellow
flag iris⑤, in flower in early summer, can also be seen here. Turn
right here following the road back to the car park.

Carreg

Porthor to Mynydd Anelog

Distance 5¾ miles / 9.3km
Time 3 hours

Porthor towards Carreg

From Porthor follow the Carreg route as far as **Dinas Bach**①. Continue along the coast, after passing **Dinas Fawr**② head down the hill towards **Porthorion**③. Cross the footbridge and continue over the stile and up the footpath towards Mynydd Anelog. A short stretch of this coastline is not owned by the National Trust. The path here is narrow and care should be taken. As you walk back onto National Trust land you will see an **experimental plot**④ marked out to monitor the effects on heather, gorse and bracken. Follow the path to the right, which leads to an excellent viewpoint providing wonderful views across land and sea. Continue down the other side of the hill, through a small metal gate, between the earth banks, past a cottage, over a stile besides the barn, then over the knoll which is waymarked and down to the track. Turn left and follow the track to the road, turning left to the **chapel**⑤.

At the chapel walk in the direction as indicated by the signpost, down a muddy track through a gate and through several kissing gates, down to a farm gate, where a waymarker points back to Anelog. Follow the track ahead past a house called Penllech.

Turn right onto the road for a short distance, turning left by Gors and go down the track. This connects with a footpath marked by wooden stiles (not on National Trust land) that crosses a number of fields. This path leads to the T-junction by Capel Carmel, where the road ahead leads back to Porthor.

As an alternative, you can start this walk by parking the car by the chapel at the foot of Mynydd Anelog, located on the road at Uwchmynydd.

Merlin chasing a rock pipit

Mynydd Anelog to Mynydd Mawr

Distance 1½ miles / 2.4km
Time ¾ hour

Connecting route between walks in this guide and those in the guide 'Walks on Llŷn. Aberdaron, Mynydd Mawr and Mynydd Anelog'.

Follow the Porthor to Mynydd Anelog route. Descend Mynydd Anelog, go through the metal gate, past the cottage, over the stile and over the knoll, onto the track. Turn right and then left through a gate, following a track between earth banks, down the side of one field and across another. Follow the line of the earth banks until a stile is reached, the entrance to the National Trust property of Porth Llanllawen — walk down from the stile, if you wish to visit this remote cove. Otherwise, go over the stile, following the line of the fence, go through the gate and up besides the house called Pennant. Go through the field gate and across the field, climbing over the stone stile onto a track. Go through a gate on the left, past the house, between two stone gate posts, through two kissing gates past some derelict buildings and then through another kissing gate onto the road. Turn right and continue along the road to the cattle grid and the entrance to the National Trust property of Braich y Pwll. Mynydd Mawr can be seen to the right.

Shag